BELINDA Y EL ENIGMA DE EL PALO

Belinda und das Rätsel von El Palo

Eine spannende Geschichte auf Spanisch
für Anfänger mit Grundkenntnissen
mit deutscher Übersetzung und Vokabelliste

von Valerie Springer

Verlag: BoD · Books on Demand GmbH, In de Tarpen 42, 22848 Norderstedt,
bod@bod.de
Druck: Libri Plureos GmbH, Friedensallee 273, 22763 Hamburg

Titel:
BELINDA Y EL ENIGMA DE EL PALO
Belinda und das Rätsel von El Palo
aus der Reihe "Geschichten auf Spanisch: Lernen leicht gemacht"
Autorin:
Valerie Springer
Illustrationen:
Lenora Sternbach

ISBN: 978-3-7597-9267-9

BELINDA
Y EL ENIGMA DE EL PALO

Belinda und das Rätsel von El Palo

Eine spannende Geschichte auf Spanisch
für Anfänger mit Grundkenntnissen
mit deutscher Übersetzung und Vokabelliste

Valerie Springer

¡Bienvenido!

Willkommen!

Lernen hält das Gehirn fit – und was könnte schöner sein, als dabei in eine spannende Geschichte einzutauchen?

Das Ziel dieses Buches ist einfach: Spanisch lernen soll Spaß machen! Lernen soll leicht, angenehm und unterhaltsam sein. Keine trockenen Grammatikübungen oder endlose Vokabellisten, sondern eine Story, die dich unterhält und ganz nebenbei dein Sprachgefühl verbessert.

Du musst keine Vokabeln pauken!

Je mehr du dich auf die Handlung einlässt und mitfühlst, desto leichter merkst du dir die Vokabeln. Denn **emotionales Lesen** aktiviert spezielle Bereiche in deinem Gehirn – das macht es spielerisch leicht, neue Wörter und Phrasen kennenzulernen und zu behalten.

Das ist das Besondere an Geschichten: Mit jedem Kapitel tauchst du tiefer in die spanische Sprache ein, und das ganz ohne Druck. Die Wörter und Phrasen prägen sich in dein Unterbewusstsein ein, einfach weil du sie im Kontext erlebst und durch die Emotionen der Geschichte verstärkst.

So macht Lernen nicht nur Spaß, sondern wird auch besonders effektiv!

Das erwartet dich:

- **Kurze Kapitel:** Die Geschichte ist so geschrieben, dass du sie Schritt für Schritt genießen kannst, ohne überfordert zu sein.
- **Einfache Sprache:** Der Text verwendet klar verständliches Spanisch, das speziell für Anfänger mit Vorkenntnissen angepasst wurde.
- **Deutsche Übersetzungen:** Jedes Kapitel enthält eine deutsche Übersetzung, falls du dich einmal mit dem Sinn eines Satzes schwertust.

So benutzt du dieses Buch:

1. Lies jedes Kapitel in Ruhe. Lass dich von der Geschichte mitreißen.
2. Lies die deutsche Übersetzung, wenn du unsicher bist, ob du den Text richtig verstanden hast.
3. Schau dir die Vokabellisten an, falls du ein Wort nicht verstehst.
4. Lies das Kapitel ein zweites Mal, und diesmal wirst du schon viel mehr verstehen!
5. Genieße das Gefühl, wie dein Spanisch mit jedem Kapitel besser wird.

¡Buena suerte y disfruta la lectura!
Viel Glück und genieße das Lesen!

Capítulo 1: Llegada a Málaga

Belinda Gómez llega en autobús a Málaga. Es un día soleado. El cielo está azul y el aire huele a mar. Belinda lleva una maleta grande. Está nerviosa, pero también contenta.

"Una nueva vida", dice en voz baja.

Belinda toma un taxi. El conductor es amable y habla mucho. "¿Eres nueva aquí? Málaga es una ciudad bonita", dice él.

"Sí, vengo de Madrid. Ahora trabajo en el periódico *El Sol de Málaga*", responde Belinda.

El taxi la lleva al barrio de El Palo. Las calles son estrechas. Hay muchas casas pequeñas y tiendas.

Belinda baja delante de una casa blanca. Es su nuevo apartamento.

Doña Carlota, la vecina, abre la puerta. Es una mujer mayor con una cara amable. "¡Bienvenida! ¿Eres la nueva inquilina? Yo soy Doña Carlota", dice ella.

"Sí, soy Belinda Gómez. Mucho gusto", dice Belinda.

Doña Carlota sonríe. "Si necesitas algo, llama a mi puerta."

Belinda lleva su maleta al apartamento. Es pequeño, pero acogedor. Tiene una ventana con vistas al mar.

Por la tarde, Belinda sale a caminar. Ve la playa y los pequeños barcos en el agua. Escucha a los niños reír y a la gente hablar. Málaga es diferente a Madrid. Es más tranquila, pero tiene vida.

Belinda sonríe. Está lista para su nueva aventura.

Kapitel 1: Ankunft in Málaga

Belinda Gómez kommt mit dem Bus nach Málaga. Es ist ein sonniger Tag. Der Himmel ist blau, und die Luft riecht nach Meer. Belinda trägt einen großen Koffer. Sie ist nervös, aber auch glücklich.

"Ein neues Leben", sagt sie leise zu sich selbst.

Belinda nimmt ein Taxi. Der Fahrer ist freundlich und spricht viel. "Du bist neu hier? Málaga ist eine schöne Stadt", sagt er.

"Ja, ich komme aus Madrid. Ich arbeite jetzt bei der Zeitung *El Sol de Málaga*", antwortet Belinda.

Das Taxi bringt sie in das Viertel El Palo. Die Straßen sind eng. Es gibt viele kleine Häuser und Läden. Belinda steigt vor einem weißen Haus aus. Das ist ihre neue Wohnung.

Doña Carlota, die Nachbarin, öffnet die Tür. Sie ist eine ältere Frau mit einem freundlichen Gesicht. "Willkommen! Du bist die neue Mieterin, oder? Ich bin Doña Carlota", sagt sie.

"Ja, ich bin Belinda Gómez. Freut mich, Sie kennenzulernen", sagt Belinda.

Doña Carlota lächelt. "Wenn du etwas brauchst, klopfe einfach an meine Tür."

Belinda bringt ihren Koffer in die Wohnung. Die Wohnung ist klein, aber gemütlich. Sie hat ein Fenster mit Blick auf das Meer.

Am Abend geht Belinda spazieren. Sie sieht den Strand und die kleinen Boote im Wasser. Sie hört Kinder lachen und Menschen sprechen. Málaga ist anders als Madrid. Es ist ruhiger, aber lebendig.

Belinda lächelt. Sie ist bereit für ihr neues Abenteuer.

Vokabelliste

llegar	ankommen
el autobús	der Bus
oler (a)	riechen (nach)
contento/a	glücklich, zufrieden
tomar un taxi	ein Taxi nehmen
el conductor	der Fahrer
el barrio	das Viertel
estrecho/a	eng
bajar	aussteigen
la vecina	die Nachbarin
la puerta	die Tür
acogedor/a	gemütlich
la ventana	das Fenster
la vista	die Aussicht
salir a caminar	spazieren gehen
la playa	der Strand
el barco	das Boot
reír	lachen
diferente	anders
listo/a	bereit

Capítulo 2: El primer día de trabajo

Belinda empieza su nuevo trabajo en el periódico *El Sol de Málaga*. Está un poco nerviosa. Su jefe, Don Antonio, es un hombre mayor y serio. Él le dice: "Tu primer artículo es sobre El Palo. Escribe sobre la historia del barrio y sus habitantes."

Belinda sale a caminar por las calles de El Palo. Lleva su cuaderno y un bolígrafo. Toma notas y observa todo. Ve tiendas pequeñas, pescadores trabajando y niños jugando en la playa.

Habla con una mujer en una tienda. "Hola, ¿puedo hacerle unas preguntas sobre El Palo?" pregunta Belinda. La mujer sonríe y dice: "Claro, soy María. Vivo aquí desde hace 30 años."

María le cuenta historias sobre el barrio. Dice que antes había más barcos de pesca y menos turistas. "El Palo cambia, pero sigue siendo un buen lugar para vivir", dice María.

Belinda agradece a María y sigue caminando. Por la tarde, vuelve al periódico. Don Antonio la espera. "¿Cómo va el artículo?" pregunta él.

"Muy bien, tengo mucha información. El Palo es un barrio muy interesante", responde Belinda. Don Antonio sonríe y dice: "Perfecto. Estoy deseando ver tu primer borrador. Tómate tu tiempo y hazlo con cuidado. "

Belinda está contenta, pero también un poco cansada. Es su primer día, y le gusta su trabajo.

Kapitel 2: Der erste Arbeitstag

Belinda beginnt ihre neue Arbeit bei der Zeitung *El Sol de Málaga*. Sie ist ein bisschen nervös. Ihr Chef, Don Antonio, ist ein älterer und ernster Mann. Er sagt zu ihr: "Dein erster Artikel ist über El Palo. Schreibe über die Geschichte des Viertels und seine Bewohner."

Belinda geht durch die Straßen von El Palo. Sie hat ein Notizbuch und einen Stift dabei. Sie macht sich Notizen und beobachtet alles. Sie sieht kleine Läden, Fischer bei der Arbeit und Kinder, die am Strand spielen.

Sie spricht mit einer Frau in einem Laden. "Hallo, kann ich Ihnen ein paar Fragen über El Palo stellen?" fragt Belinda. Die Frau lächelt und sagt: "Natürlich, ich bin María. Ich lebe hier seit 30 Jahren."

María erzählt ihr Geschichten über das Viertel. Sie sagt, dass es früher mehr Fischerboote und weniger Touristen gab. "El Palo verändert sich, aber es ist immer noch ein guter Ort zum Leben", sagt María.

Belinda bedankt sich bei María und geht weiter. Am Nachmittag kehrt sie zur Zeitung zurück. Don Antonio wartet auf sie. "Wie läuft der Artikel?" fragt er.

"Sehr gut, ich habe viele Informationen. El Palo ist ein sehr interessantes Viertel", antwortet Belinda. Don Antonio lächelt und sagt: "Perfekt. Ich freue mich darauf, deinen ersten Entwurf zu sehen. Lass dir Zeit, mach es sorgfältig. "

Belinda ist zufrieden, aber auch ein bisschen müde. Es ist ihr erster Tag, und ihr gefällt ihre Arbeit.

Vokabelliste

empezar	beginnen
el jefe	der Chef
el artículo	der Artikel
el habitante	der Bewohner
el cuaderno	das Notizbuch
observar	beobachten
el pescador	der Fischer
trabajar	arbeiten
hacer preguntas	Fragen stellen
claro	natürlich
contar (algo)	erzählen
antes	früher
el barco de pesca	das Fischerboot
el turista	der Tourist
cambiar	sich verändern
interesante	interessant
el borrador	der Entwurf
cansado/a	müde
gustar	gefallen

Capítulo 3: La casa vieja

Al día siguiente, Belinda camina por El Palo para observar mejor el barrio. De repente, ve una casa grande y vieja. Está en medio de una calle tranquila. La casa tiene ventanas rotas y paredes con grietas. Parece abandonada.

Belinda pregunta a una mujer mayor que pasa por allí: "¿Quién vive aquí?"

La mujer dice: "Nadie vive aquí ahora. Esa casa es muy antigua. Era de una familia rica, pero hace muchos años se fueron. Nadie sabe por qué."

Belinda está intrigada. Mira la casa y siente curiosidad. "¿Qué pasó con esa familia? ¿Por qué dejaron la casa?" piensa.

Más tarde, habla con Doña Carlota sobre la casa. Doña Carlota dice: "Esa casa tiene una historia larga. La familia López vivía allí. Eran importantes en el barrio, pero un día desaparecieron."

Belinda toma nota de todo. Decide investigar más. Quizás esta casa tiene una historia interesante para su artículo.

Por la tarde, de vuelta en la redacción, Belinda habla con Don Antonio sobre su descubrimiento. "Hoy vi una casa vieja y abandonada. Tiene una energía especial y quizás una historia interesante para un artículo", dice.

Don Antonio escucha con atención. "¿Una casa abandonada, dices? Podría ser un buen artículo. Investiga más y tráeme tus notas. Luego vemos qué podemos hacer."

Belinda se siente motivada. Sabe que ha encontrado algo interesante y está decidida a averiguar más sobre la casa y la familia López.

Kapitel 3: Das alte Haus

Am nächsten Tag geht Belinda durch El Palo, um das Viertel besser zu beobachten. Plötzlich sieht sie ein großes, altes Haus. Es steht in der Mitte einer ruhigen Straße. Das Haus hat kaputte Fenster und Wände mit Rissen. Es sieht verlassen aus.

Belinda fragt eine ältere Frau, die dort vorbeigeht: "Wer wohnt hier?"

Die Frau sagt: "Niemand wohnt jetzt hier. Dieses Haus ist sehr alt. Es gehörte einer reichen Familie, aber vor vielen Jahren sind sie weggegangen. Niemand weiß warum."

Belinda ist fasziniert. Sie schaut das Haus an und wird neugierig. "Was ist mit dieser Familie passiert? Warum haben sie das Haus verlassen?" denkt sie.

Später spricht sie mit Doña Carlota über das Haus. Doña Carlota sagt: "Dieses Haus hat eine lange Geschichte. Die Familie López lebte dort. Sie war wichtig im Viertel, aber eines Tages sind sie verschwunden."

Belinda schreibt sich alles auf. Sie beschließt, mehr herauszufinden. Vielleicht hat dieses Haus eine interessante Geschichte für ihren Artikel.

Am Nachmittag, zurück in der Redaktion, spricht Belinda mit Don Antonio über ihre Entdeckung. "Ich habe heute ein altes Haus gesehen, das verlassen ist. Es hat eine besondere Ausstrahlung und eine Geschichte, die vielleicht interessant sein könnte", sagt sie.

Don Antonio hört aufmerksam zu. "Ein verlassenes Haus, sagst du? Das könnte tatsächlich ein guter Artikel werden. Recherchiere weiter und bring mir deine Notizen. Wir sehen dann, was wir daraus machen können."

Belinda fühlt sich bestärkt. Sie weiß, dass sie auf etwas Spannendes gestoßen ist, und ist entschlossen, mehr über das Haus und die Familie López herauszufinden.

Vokabelliste

la casa	das Haus
viejo/a	alt
de repente	plötzlich
en medio de	in der Mitte von
roto/a	kaputt
la ventana	das Fenster
abandonado/a	verlassen
preguntar	fragen
la mujer mayor	die ältere Frau
nadie	niemand
antiguo/a	alt (im historischen Sinn)
intrigado/a	fasziniert
la curiosidad	die Neugier
pensar	denken
desaparecer	verschwinden
importante	wichtig
tomar nota	sich etwas notieren
investigar	recherchieren

Capítulo 4: Luces sospechosas

Después de un largo día de trabajo, Belinda decide dar un paseo nocturno para relajarse. El aire es fresco y las calles de El Palo están tranquilas. Camina por el barrio hasta que llega cerca de la casa vieja.

De repente, nota una luz parpadeante en el interior del edificio. Se mueve como si alguien estuviera usando una linterna. Belinda se detiene y observa. Su corazón late más rápido. "¿Hay alguien en la casa?" piensa.

Da unos pasos hacia adelante, pero se mantiene a una distancia segura. La luz se mueve por la casa, desapareciendo y volviendo a aparecer. No puede escuchar voces, pero su instinto le dice que hay alguien dentro del edificio.

Belinda decide no quedarse más tiempo. Se da la vuelta rápidamente y regresa a su apartamento. Esa noche duerme intranquila, pues no puede quitarse de la cabeza la imagen de las luces.

A la mañana siguiente, después del desayuno, busca a Doña Carlota antes de ir a la redacción.

"Doña Carlota, tengo que contarle algo", empieza Belinda. "Anoche vi luces en la casa vieja. Parecía que alguien estaba usando linternas. Creo que había gente en la casa."

Doña Carlota levanta las cejas. "Ah, la casa vieja… Muchos dicen que allí viven fantasmas. Siempre escucho historias sobre luces y ruidos extraños."

Belinda frunce el ceño. "¿Fantasmas? No me lo puedo imaginar."

Doña Carlota sonríe. "Yo tampoco. Pero, ¿quién sabe?"

Belinda siente aún más curiosidad. Decide profundizar en su investigación sobre la casa vieja y descubrir qué es lo que realmente está sucediendo.

Kapitel 4: Verdächtige Lichter

Nach einem langen Arbeitstag beschließt Belinda, einen Abendspaziergang zu machen, um zu entspannen. Die Luft ist kühl, und die Straßen von El Palo sind ruhig. Sie geht durch das Viertel, bis sie in die Nähe des alten Hauses kommt.

Plötzlich bemerkt sie ein flackerndes Licht im Inneren des Gebäudes. Es bewegt sich, als würde jemand mit einer Taschenlampe herumlaufen. Belinda bleibt stehen und beobachtet. Ihr Herz schlägt schneller. "Sind da Leute im Haus?" denkt sie.

Sie geht ein paar Schritte näher, bleibt aber in sicherem Abstand. Das Licht bewegt sich durch das Haus, mal verschwindet es, mal taucht es wieder auf. Sie kann keine Stimmen hören, aber ihr Instinkt sagt ihr, dass sich jemand im Gebäude befindet.

Belinda beschließt, nicht länger zu bleiben. Sie kehrt schnell um und geht zurück zu ihrer Wohnung. In dieser Nacht schläft sie unruhig, denn das Bild der Lichter geht ihr nicht aus dem Kopf.

Am nächsten Morgen, nach dem Frühstück, sucht sie Doña Carlota auf, bevor sie in die Redaktion geht.

"Doña Carlota, ich muss Ihnen etwas erzählen", beginnt Belinda. "Gestern Abend habe ich Lichter im alten Haus gesehen. Es sah aus, als hätte jemand Taschenlampen benutzt. Ich glaube, da waren Leute im Haus."

Doña Carlota hebt die Augenbrauen. "Ah, das alte Haus ... Viele sagen, dass dort Geister wohnen. Ich höre immer wieder Geschichten über seltsame Lichter und Geräusche."

Belinda runzelt die Stirn. "Aber Geister? Das kann ich mir nicht vorstellen."

Doña Carlota lächelt. "Ich auch nicht. Aber wer weiß? "

Belinda ist noch neugieriger geworden. Sie beschließt, ihre Recherchen über das alte Haus zu vertiefen und herauszufinden, was wirklich vor sich geht.

Vokabelliste

por la noche	nachts
escribir	schreiben
tranquilo/a	ruhig
de repente	plötzlich
el ruido	das Geräusch
extraño/a	seltsam
levantarse	aufstehen
la ventana	das Fenster
la sombra	der Schatten
moverse	sich bewegen
oscuro/a	dunkel
preguntar	fragen
saber	wissen
maldito/a	verflucht
a veces	manchmal
oír	hören
el fantasma	der Geist
sorprenderse	überrascht sein
pensar	denken
descubrir	entdecken
pasar	passieren

Capítulo 5: Nuevas pistas

Belinda está trabajando con mucho empeño en su artículo sobre la casa vieja. Es domingo, y en lugar de estar en la redacción, trabaja excepcionalmente desde casa. De repente, Doña Carlota llama a su puerta.

"Belinda, ayer me visitó una amiga de toda la vida, y su hija Inéz estaba con ella. Hablamos sobre la casa vieja. Tal vez ella pueda ayudarte. ¿Quieres que te la presente?"

Belinda sonríe. "¡Claro, muchas gracias!"

Al día siguiente, Doña Carlota le presenta a su joven conocida. Inéz parece simpática y abierta.

"Hola, me llamo Belinda. Estoy escribiendo un artículo sobre El Palo. ¿Sabes algo de la casa vieja?" pregunta Belinda.

Inéz asiente. "Sí, mi madre me ha contado muchas cosas. Me dijo que allí vivía la familia López. Mi abuelo trabajaba como jardinero para ellos y los conocía bien. Cuando era niña, me contaba muchas historias sobre la casa."

"¿Qué tipo de historias?" pregunta Belinda con interés.

"Mi abuelo decía que la familia López tenía muchas cosas valiosas. Pero cuando se fueron, dejaron todo atrás. Nadie sabe por qué. Siempre decía que en esa casa hay secretos."

Belinda está fascinada. Le pide a Inéz que le cuente más. Inéz promete buscar en su casa un álbum de fotos antiguo de su abuelo. "Tal vez haya algo que te interese," dice.

Por la tarde, Belinda anota todo en su cuaderno. Tiene más preguntas que respuestas, pero está decidida a seguir investigando.

Kapitel 5: Neue Hinweise

Belinda ist fleißig dabei, an ihrem Artikel über das alte Haus zu arbeiten. Es ist ein Sonntag, und statt in der Redaktion arbeitet sie ausnahmsweise von zu Hause aus. Plötzlich klopft Doña Carlota an ihre Tür.

"Belinda, gestern hat mich eine alte Freundin besucht, und ihre Tochter Inéz war dabei. Wir haben über das alte Haus gesprochen. Vielleicht kann sie dir helfen. Soll ich sie dir vorstellen?"

Belinda lächelt. "Ja, das wäre wunderbar, danke!"

Am nächsten Tag stellt Doña Carlota ihre junge Bekannte vor. Inéz wirkt freundlich und offen.

"Hallo, ich heiße Belinda. Ich schreibe einen Artikel über El Palo. Weißt du etwas über das alte Haus?" fragt Belinda.

Inéz nickt. "Ja, meine Mutter hat mir viel darüber erzählt. Sie sagte, dass die Familie López dort früher lebte. Mein Großvater war dort Gärtner und kannte die Familie gut. Als Kind habe ich viele Geschichten über das Haus gehört."

"Welche Geschichten?" fragt Belinda interessiert.

"Mein Großvater sagte, die Familie López hatte viele wertvolle Dinge. Aber als sie gingen, ließen sie alles zurück. Niemand weiß warum. Er meinte immer, dass es in diesem Haus Geheimnisse gibt."

Belinda ist fasziniert. Sie bittet Inéz, ihr mehr zu erzählen. Inéz verspricht, zu Hause nach einem alten Fotoalbum ihres Großvaters zu suchen. "Vielleicht gibt es darin etwas, das dich interessiert," sagt sie.

Am Nachmittag notiert Belinda alles in ihrem Notizbuch. Sie hat mehr Fragen als Antworten, aber sie ist entschlossen, weiter nachzuforschen.

Vokabelliste

investigar	recherchieren
el vecino/la vecina	der Nachbar/die Nachbarin
tomar notas	Notizen machen
conocer	kennenlernen
vivir	wohnen, leben
cerca de	in der Nähe von
el abuelo	der Großvater
trabajar	arbeiten
el jardinero	der Gärtner
la familia	die Familie
valioso/a	wertvoll
dejar algo atrás	etwas zurücklassen
el secreto	das Geheimnis
prometer	versprechen
buscar	suchen
el álbum de fotos	das Fotoalbum
interesar	interessieren
decidir	beschließen, entscheiden
la respuesta	die Antwort
la pregunta	die Frage
seguir	weitermachen, fortfahren

Capítulo 6: El álbum de fotos

Al día siguiente, Inéz llama a Belinda. "Encontré el álbum de mi abuelo. ¿Quieres verlo?" pregunta.

Belinda está emocionada. "¡Claro que sí! ¿Puedo ir a tu casa esta tarde?"

Por la tarde, Belinda visita a Inéz. Se sientan en la mesa del comedor y abren el álbum. Hay muchas fotos antiguas. Algunas muestran a la familia López en el jardín de la casa vieja.

"Este es mi abuelo," dice Inéz, señalando a un hombre con un sombrero. "Él cuidaba las plantas y los árboles. Siempre decía que la casa tenía un sótano muy grande."

"¿Un sótano?" pregunta Belinda.

"Sí, pero no sé qué había allí. Mi abuelo decía que nadie de la familia hablaba de eso."

Belinda examina las fotos con atención. Nota algo extraño: en varias fotos aparece un pequeño baúl en el jardín. "¿Qué es esto?" pregunta, señalando el baúl.

"No lo sé," dice Inéz. "Tal vez estaba en el sótano."

Belinda anota todo en su cuaderno. "Esto se pone interesante," piensa. Antes de irse, agradece a Inéz por su ayuda.

Kapitel 6: Das Fotoalbum

Am nächsten Tag ruft Inéz Belinda an. "Ich habe das Album meines Großvaters gefunden. Möchtest du es sehen?" fragt sie.

Belinda ist aufgeregt. "Ja, natürlich! Kann ich heute Nachmittag zu dir kommen?"

Am Nachmittag besucht Belinda Inéz. Sie setzen sich an den Esstisch und öffnen das Album. Es gibt viele alte Fotos. Einige zeigen die Familie López im Garten des alten Hauses.

"Das ist mein Großvater," sagt Inéz und zeigt auf einen Mann mit einem Hut. "Er hat sich um die Pflanzen und Bäume gekümmert. Er hat immer gesagt, dass das Haus einen sehr großen Keller hat."

"Einen Keller?" fragt Belinda.

"Ja, aber ich weiß nicht, was dort war. Mein Großvater meinte, dass niemand aus der Familie darüber gesprochen hat."

Belinda schaut sich die Fotos genau an. Ihr fällt etwas Seltsames auf: Auf mehreren Fotos ist eine kleine Truhe im Garten zu sehen. "Was ist das?" fragt sie und zeigt auf die Truhe.

"Das weiß ich nicht," sagt Inéz. "Vielleicht war sie im Keller."

Belinda notiert alles in ihrem Notizbuch. "Das wird immer interessanter," denkt sie. Bevor sie geht, bedankt sie sich bei Inéz für ihre Hilfe.

Vokabelliste

el álbum de fotos	das Fotoalbum
llamar	anrufen
esta tarde	heute Nachmittag
visitar	besuchen
la mesa del comedor	der Esstisch
abrir	öffnen
antiguo/a	alt
mostrar	zeigen
el jardín	der Garten
señalar	zeigen, hinweisen auf
el sombrero	der Hut
cuidar	sich kümmern um
el sótano	der Keller
hablar (de/sobre)	sprechen (über)
examinar	untersuchen
con atención	aufmerksam
notar	bemerken
extraño/a	seltsam
el baúl	die Truhe
interesante	interessant
agradecer	danken
la ayuda	die Hilfe

Capítulo 7: Un nuevo descubrimiento

Belinda no puede dejar de pensar en el sótano y el baúl de las fotos. Decide volver a la casa vieja para investigar más.

Llega por la tarde, cuando la calle está tranquila. La puerta principal está cerrada, pero encuentra una ventana rota en la parte trasera. Con cuidado, entra en la casa.

El interior está oscuro y lleno de polvo. Belinda usa una linterna para explorar. Encuentra muebles viejos y papeles tirados en el suelo. Pero no ve ninguna entrada al sótano.

De repente, escucha un ruido. Se detiene y apaga la linterna. El corazón le late rápido. Mira hacia la puerta, pero no ve a nadie. "Tal vez es el viento," piensa.

Continúa buscando y encuentra una puerta pequeña debajo de las escaleras. Está cerrada con llave. "Esto debe ser la entrada al sótano," dice en voz baja.

Belinda intenta abrirla, pero no puede. Decide regresar otro día con más herramientas. Sale de la casa sin hacer ruido. Está emocionada por su descubrimiento.

Kapitel 7: Eine neue Entdeckung

Belinda kann nicht aufhören, an den Keller und die Truhe auf den Fotos zu denken. Sie beschließt, zum alten Haus zurückzukehren, um weiter zu forschen.

Am Nachmittag, als die Straße ruhig ist, kommt sie dort an. Die Haustür ist verschlossen, aber sie findet ein zerbrochenes Fenster an der Rückseite. Vorsichtig steigt sie in das Haus ein.

Das Innere ist dunkel und voller Staub. Belinda benutzt eine Taschenlampe, um sich umzusehen. Sie findet alte Möbel und Papiere, die auf dem Boden liegen. Aber sie sieht keinen Eingang zum Keller.

Plötzlich hört sie ein Geräusch. Sie bleibt stehen und schaltet die Taschenlampe aus. Ihr Herz schlägt schnell. Sie schaut zur Tür, aber sie sieht niemanden. "Vielleicht ist es der Wind," denkt sie.

Sie sucht weiter und findet eine kleine Tür unter der Treppe. Sie ist mit einem Schloss verschlossen. "Das muss der Eingang zum Keller sein," sagt sie leise.

Belinda versucht, die Tür zu öffnen, aber es gelingt ihr nicht. Sie beschließt, an einem anderen Tag mit mehr Werkzeugen zurückzukommen. Leise verlässt sie das Haus. Sie ist aufgeregt wegen ihrer Entdeckung.

Vokabelliste

el descubrimiento	die Entdeckung
volver	zurückkehren
la tarde	der Nachmittag
tranquilo/a	ruhig
la puerta principal	die Haustür
cerrado/a	geschlossen
la ventana rota	das zerbrochene Fenster
con cuidado	vorsichtig
el polvo	der Staub
la linterna	die Taschenlampe
tirado/a	herumliegend
el ruido	das Geräusch
detenerse	stehen bleiben
apagar	ausschalten
el corazón	das Herz
latir	schlagen (Herz)
debajo de	unter
intentar	versuchen
abrir	öffnen
las herramientas	die Werkzeuge
sin hacer ruido	geräuschlos
emocionado/a	aufgeregt

Capítulo 8: La noche en la casa

Belinda regresa a la casa vieja por la noche. Esta vez lleva una linterna más grande y una herramienta para abrir la puerta del sótano. Está nerviosa, pero también emocionada.

Cuando entra en la casa, todo está en silencio. Camina con cuidado hasta la puerta debajo de las escaleras. Usa la herramienta y, después de varios intentos, logra abrirla.

La puerta rechina al abrirse. Belinda ilumina el interior con su linterna. Ve unas escaleras que bajan al sótano. El aire es frío y huele a humedad.

Baja despacio, observando todo a su alrededor. El sótano es grande, con paredes de piedra. Hay cajas viejas y muebles cubiertos de polvo. En el centro del sótano ve algo familiar: el pequeño baúl de las fotos.

Belinda se acerca al baúl y lo abre con cuidado. Dentro encuentra papeles viejos, un libro con tapas de cuero y algunos objetos antiguos. Uno de los papeles parece ser un plano de la casa.

De repente, escucha pasos en el piso de arriba. Belinda se queda paralizada de miedo y apaga la linterna de inmediato. Su corazón late con fuerza. "¿Quién está ahí?" piensa, mientras contiene la respiración.

Los pasos recorren la casa, se escuchan cada vez más lejos y finalmente desaparecen. Belinda permanece inmóvil durante un rato, escuchando atentamente el silencio.

Cuando está segura de que ya no hay nadie, reúne todo su valor.

Con cuidado, recoge el libro y los papeles de la caja. Con pasos rápidos y silenciosos sube las escaleras, sale de la casa y se aleja lo más rápido posible. Todavía está asustada, pero sabe que ha encontrado algo importante.

Kapitel 8: Die Nacht im Haus

Belinda kehrt nachts zum alten Haus zurück. Diesmal hat sie eine größere Taschenlampe und ein Werkzeug, um die Tür zum Keller zu öffnen. Sie ist nervös, aber auch aufgeregt.

Als sie das Haus betritt, ist alles still. Vorsichtig geht sie zur Tür unter der Treppe. Mit dem Werkzeug versucht sie, die Tür zu öffnen, und nach mehreren Versuchen gelingt es ihr.

Die Tür quietscht, als sie sich öffnet. Belinda leuchtet mit der Taschenlampe hinein. Sie sieht eine Treppe, die in den Keller führt. Die Luft ist kalt und riecht nach Feuchtigkeit.

Langsam geht sie die Treppe hinunter und schaut sich um. Der Keller ist groß, mit Steinwänden. Es gibt alte Kisten und Möbel, die mit Staub bedeckt sind. In der Mitte des Kellers sieht sie etwas Vertrautes: die kleine Truhe von den Fotos.

Belinda geht zur Truhe und öffnet sie vorsichtig. Darin findet sie alte Papiere, ein Buch mit Ledereinband und einige antike Gegenstände. Eines der Papiere scheint ein Plan des Hauses zu sein.

Plötzlich hört sie Schritte im oberen Stockwerk. Belinda erstarrt vor Angst und schaltet sofort die Taschenlampe aus. Ihr Herz klopft schnell. "Wer ist da?" denkt sie und hält den Atem an.

Die Schritte bewegen sich durch das Haus, werden langsam leiser und entfernen sich schließlich ganz. Belinda bleibt noch eine Weile regungslos stehen, lauscht angestrengt in die Stille. Als sie sicher ist, dass niemand mehr da ist, fasst sie all ihren Mut zusammen.

Vorsichtig nimmt sie das Buch und die Papiere aus der Truhe. Mit schnellen, leisen Schritten geht sie die Treppe hinauf, verlässt das Haus und entfernt sich so schnell wie möglich. Sie ist immer noch erschrocken, aber sie weiß, dass sie etwas Wichtiges gefunden hat.

Vokabelliste

la noche	die Nacht
la herramienta	das Werkzeug
lograr	erreichen, schaffen
rechinar	quietschen
iluminar	beleuchten
el sótano	der Keller
las escaleras	die Treppe
el aire frío	die kalte Luft
la humedad	die Feuchtigkeit
observar	beobachten
la pared de piedra	die Steinwand
las cajas viejas	die alten Kisten
el polvo	der Staub
el baúl	die Truhe
las tapas de cuero	der Ledereinband
el objeto antiguo	der antike Gegenstand
el plano	der Plan
de repente	plötzlich
los pasos	die Schritte
inmóvil	regungslos
recoger	aufheben, einsammeln
asustado/a	erschrocken

Capítulo 9: La revelación

Al día siguiente, Belinda examina los papeles y el libro que encontró en el baúl. El libro parece ser un diario, escrito por uno de los miembros de la familia López. Contiene notas sobre su vida en la casa y menciona un conflicto por la propiedad con otra familia del barrio.

Entre los papeles, Belinda encuentra el plano de la casa. Nota que hay un pasadizo secreto detrás de una de las paredes del sótano. Según el diario, el pasadizo lleva a una pequeña habitación donde la familia guardaba objetos valiosos.

Belinda decide volver a la casa por última vez. Pide ayuda a Inéz, quien acepta acompañarla. Juntas entran en el sótano y buscan el pasadizo. Después de examinar las paredes, encuentran una parte que suena hueca.

Usando una herramienta, logran abrir un pequeño panel en la pared. Detrás encuentran la habitación secreta. Dentro hay cajas con joyas, monedas antiguas y documentos. Todo está cubierto de polvo, pero parece intacto.

De repente, Belinda e Inéz escuchan pasos suaves y un susurro. Contienen la respiración y apagan rápidamente la linterna.

"¿Qué hacemos ahora?", susurra Inéz. "Permanecemos completamente en silencio", responde Belinda.

Ambas escuchan con atención, mientras los pasos se acercan lentamente.

El susurro suena agitado, casi como una discusión. "¡Vamos, sigue adelante!", dice una voz en un tono bajo pero insistente. "Te dije que no deberíamos estar aquí", responde otra.

Belinda e Inéz no pueden identificar quiénes son las personas. Sus corazones laten con fuerza, y se presionan más contra las paredes del escondite.

Los pasos y las voces empiezan a alejarse. Todo queda en silencio. Después de unos minutos, Belinda e Inéz se atreven a salir del escondite. Parece que ya no hay nadie allí.

"¿Quiénes eran?", pregunta Inéz, aún con una sensación de vacío en el estómago.

"No lo sé", dice Belinda mientras enciende nuevamente su linterna. "Pero creo que deberíamos informar a la policía."

Toman fotos de la cámara secreta, de las huellas en el sótano y del entorno. Ambas se sienten aliviadas de haber superado la situación, pero también agotadas por la tensión.

"Mañana por la mañana iremos a la policía", dice Belinda con determinación mientras revisa su cámara. "Esto podría ser importante."

Inéz asiente. "Por suerte, todo salió bien."

Las dos salen de la casa lo más silenciosamente posible y respiran aliviadas al estar nuevamente en el aire fresco de la noche. Sin embargo, la memoria de los susurros y los pasos permanece en sus mentes durante mucho tiempo.

Kapitel 9: Die Enthüllung

Am nächsten Tag untersucht Belinda die Papiere und das Buch, das sie in der Truhe gefunden hat. Das Buch scheint ein Tagebuch zu sein, geschrieben von einem Mitglied der Familie López. Es enthält Notizen über ihr Leben im Haus und erwähnt einen Konflikt um das Eigentum mit einer anderen Familie im Viertel.

Unter den Papieren findet Belinda den Plan des Hauses. Sie bemerkt, dass sich hinter einer der Kellerwände ein geheimer Gang befindet. Laut Tagebuch führt der Gang zu einem kleinen Raum, in dem die Familie wertvolle Gegenstände aufbewahrte.

Belinda beschließt, ein letztes Mal zum Haus zurückzukehren. Sie bittet Inéz um Hilfe, und diese stimmt zu, sie zu begleiten. Gemeinsam betreten sie den Keller und suchen nach dem Gang. Nach genauer Untersuchung der Wände finden sie eine Stelle, die hohl klingt.

Mit einem Werkzeug öffnen sie eine kleine Klappe in der Wand. Dahinter finden sie den geheimen Raum. Drinnen stehen Kisten mit Schmuck, alten Münzen und Dokumenten. Alles ist mit Staub bedeckt, aber gut erhalten.

Plötzlich hören Belinda und Inéz leise Schritte und ein Flüstern. Sie halten den Atem an und schalten sofort die Taschenlampe aus.

"Was machen wir jetzt?" flüstert Inéz.

"Wir bleiben komplett still", antwortet Belinda.

Beide lauschen angespannt, während die Schritte langsam näher kommen.

Das Flüstern klingt aufgeregt, fast wie ein Streit. "Komm schon, geh weiter!", zischt eine Stimme.

"Ich hab gesagt, wir sollten das lassen!", antwortet eine andere.

Belinda und Inéz können nicht erkennen, wer die Personen sind. Ihre Herzen schlagen schneller, und sie pressen sich enger in den versteckten Raum.

Die Schritte und Stimmen entfernen sich wieder. Es wird still. Nach einigen Minuten wagen es Belinda und Inéz, den geheimen Raum zu verlassen. Niemand scheint mehr da zu sein.

"Wer war das?" fragt Inéz, immer noch mit einem flauen Gefühl im Magen.

"Ich weiß es nicht", sagt Belinda, während sie ihre Taschenlampe wieder einschaltet. "Aber ich denke, wir sollten die Polizei informieren."

Sie machen Fotos von der verborgenen Kammer, den Spuren im Keller und der Umgebung. Beide sind erleichtert, dass sie diese Situation überstanden haben, und gleichzeitig erschöpft von der Anspannung.

"Wir gehen morgen früh zur Polizei", sagt Belinda entschlossen, während sie ihre Kamera überprüft. "Das hier könnte wichtig sein."

Inéz nickt. "Zum Glück ist alles gut gegangen."

Die beiden verlassen das Haus so leise wie möglich und sind heilfroh, wieder draußen in der frischen Nachtluft zu stehen. Doch die Erinnerung an das Flüstern und die Schritte bleibt ihnen noch lange im Kopf.

Vokabelliste

el diario	das Tagebuch
el conflicto	der Konflikt
la propiedad	das Eigentum
el barrio	das Viertel
el pasadizo	der Gang
la pared	die Wand
hueco/a	hohl
el panel	die Klappe
la habitación secreta	der geheime Raum
las joyas	die Juwelen
las monedas antiguas	die alten Münzen
el documento	das Dokument
intacto/a	unversehrt
las voces	die Stimmen
esconderse	sich verstecken
la prueba	der Beweis
la policía	die Polizei

Capítulo 10: La policía se encarga

Belinda e Inéz están sentadas en la oficina del inspector de la policía local. Sobre la mesa están las pruebas: fotos, notas, los documentos y una pequeña caja con monedas y objetos valiosos que encontraron en el sótano. El inspector, un hombre mayor con expresión seria, observa atentamente los objetos mientras Belinda cuenta la historia.

"Esto es realmente extraordinario", dice finalmente el inspector. "Estos objetos podrían tener una conexión con la familia López. No hay nadie que sepa con certeza si aún existen herederos. Seguiremos investigando."

Mira a Belinda e Inéz con seriedad. "Pero ustedes dos se han puesto en un gran peligro. Nunca se sabe quién podría andar merodeando en una casa abandonada como esa. Por favor, tengan más cuidado en el futuro."

Belinda e Inéz asienten. Ambas se sienten aliviadas, pero también algo inquietas por la advertencia del inspector.

La policía comienza de inmediato con las investigaciones. Al día siguiente, los agentes aseguran la casa. Recogen huellas dactilares, recolectan pistas y examinan los edificios cercanos.

Belinda se siente aliviada de que la policía ahora esté a cargo, pero el caso sigue rondando en su mente. Mientras sigue trabajando en su artículo, se mantiene en contacto con el inspector para estar al tanto del progreso.

Mientras tanto, la historia de la casa se difunde por el vecindario. Viejos rumores sobre la disputa entre la familia López y otra familia resurgen. Algunos vecinos recuerdan historias antiguas, mientras que otros no están seguros de qué creer.

Después de unas dos semanas, el inspector contacta a Belinda. "Hemos avanzado en la investigación", dice por teléfono. "Todavía no tenemos pistas sobre los intrusos, pero creemos que pronto podremos identificar al heredero de la casa."

Belinda está emocionada. "Eso sería fantástico", responde. "Por favor, manténgame informada."

Mientras las investigaciones continúan, la tensión crece. ¿Quién será el legítimo propietario de la casa? ¿Y qué ocurrió realmente con los intrusos? Belinda sabe que pronto obtendrá respuestas a sus preguntas.

Kapitel 10: Die Polizei übernimmt

Belinda und Inéz sitzen im Büro des Inspektors der örtlichen Polizei. Auf dem Tisch liegen die Beweise: Fotos, Notizen, die Dokumente und eine kleine Kiste mit Münzen und wertvollen Gegenständen, die sie im Keller gefunden haben. Der Inspektor, ein älterer Mann mit ernstem Blick, betrachtet die Gegenstände aufmerksam, während Belinda die Geschichte erzählt.

"Das ist wirklich bemerkenswert", sagt der Inspektor schließlich. "Diese Gegenstände könnten eine Verbindung zur Familie López darstellen. Es gibt niemanden, der sicher weiß, ob es noch Erben gibt. Wir werden weiter ermitteln."

Er blickt Belinda und Inéz ernst an. "Aber Sie beide haben sich in große Gefahr begeben. Man weiß nie, wer sich in so einem verlassenen Haus herumtreibt. Bitte seien Sie in Zukunft vorsichtiger."

Belinda und Inéz nicken. Beide fühlen sich einerseits erleichtert, andererseits beunruhigt von der Warnung des Inspektors.

Die Polizei beginnt sofort mit den Untersuchungen. Am nächsten Tag rücken Beamte aus, um das Haus zu sichern. Sie nehmen Fingerabdrücke, sammeln Spuren und überprüfen die umliegenden Gebäude.

Belinda fühlt sich erleichtert, dass die Polizei nun die Verantwortung trägt. Doch die Sache lässt sie nicht los. Während sie weiter an ihrem Artikel arbeitet, bleibt sie in

Kontakt mit dem Inspektor, um über den Fortschritt informiert zu bleiben.

Inzwischen macht die Geschichte des Hauses in der Nachbarschaft die Runde. Alte Gerüchte über den Streit zwischen der Familie López und einer anderen Familie kommen wieder auf. Einige Nachbarn erinnern sich an alte Geschichten, andere sind unsicher, was sie glauben sollen.

Nach etwa zwei Wochen meldet sich der Inspektor bei Belinda. "Wir haben Fortschritte gemacht", sagt er am Telefon. "Es gibt noch keine Hinweise auf die Täter, aber wir glauben, dass wir bald einen Erben des Hauses identifizieren können."

Belinda ist aufgeregt. "Das wäre fantastisch", sagt sie. "Bitte halten Sie mich auf dem Laufenden."

Während die Ermittlungen weiterlaufen, wächst die Spannung. Wer ist der rechtmäßige Besitzer des Hauses? Und was hat es mit den Eindringlingen auf sich? Belinda weiß, dass sie bald Antworten auf ihre Fragen erhalten wird.

Vokabelliste

encargarse (de algo)	sich um etwas kümmern
la investigación	die Untersuchung
el inspector	der Inspektor
las pruebas	die Beweise
la huella dactilar	der Fingerabdruck
recolectar pistas	Spuren sammeln
examinar	untersuchen
estar al tanto	auf dem Laufenden sein
el vecindario	die Nachbarschaft
el rumor	das Gerücht
la disputa	der Streit
resurgir	wieder auftauchen
los intrusos	die Eindringlinge
el heredero	der Erbe
el propietario legítimo	der rechtmäßige Besitzer
el progreso	der Fortschritt
la tensión	die Spannung
obtener respuestas	Antworten erhalten
continuar	weitermachen, fortsetzen
asegurarse (algo)	etwas sichern

Capítulo 11: El heredero y la trampa

Después de un mes de intensas investigaciones, la policía finalmente encuentra al legítimo heredero de la casa: Carlos López. Es un joven simpático que acaba de terminar sus estudios de arquitectura. Sólo tiene un año más que Belinda. Vive en Barcelona y no sabía que la casa todavía le pertenecía.

"Pensé que ya la habían vendido", explica Carlos cuando se reúne con Belinda para una entrevista. "Mi familia nunca habló de ella. Ni siquiera sabía que todavía existía."

"Mientras Carlos habla, Belinda siente su mirada fija en ella. Le agrada lo cálida que es su sonrisa. Nota que él muestra interés por ella. Un ligero cosquilleo se extiende en su interior, se siente feliz. Sin embargo, intenta concentrarse en sus preguntas."

Carlos le cuenta a Belinda sobre la antigua disputa vecinal que llevó a su familia a abandonar la casa. "Fue un gran conflicto, y al final mis padres solo querían alejarse de todo. Ahora estoy feliz de conocer la verdad."

Mientras tanto, la policía planea atrapar a los intrusos. Difunden rumores de que hay objetos valiosos escondidos en el sótano de la casa, con la esperanza de atraer nuevamente a los culpables.

La trampa funciona: una noche, la policía detecta movimientos en la casa. Dos figuras se deslizan por el edificio e intentan abrir la puerta del sótano. Los agentes intervienen y detienen a los dos.

Sin embargo, cuando descubren la identidad de los "culpables", todos quedan sorprendidos: no se trata de peligrosos ladrones, sino de dos niños del vecindario que querían cumplir una prueba de valor.

"¡Lo sentimos mucho! Solo queríamos ver si encontrábamos fantasmas", explica uno de los niños en voz baja.

Al día siguiente, el inspector le cuenta los detalles a Belinda. "Por suerte, no fue un verdadero robo. Solo eran niños buscando una aventura. Pero hablaremos con sus padres para asegurarnos de que no lo repitan."

Belinda se siente aliviada y le cuenta a Carlos cómo terminó la historia. Carlos se ríe al escucharlo. "Es típico de los niños. Les encanta inventar historias y jugar en casas viejas."

Carlos tiene la casa asegurada hasta que la renueve. "Voy a convertirla en un lugar para la comunidad, quizá un centro cultural o un pequeño museo", dice.

Belinda se alegra de que los acontecimientos hayan tenido un final feliz. Está emocionada por escribir la historia para su artículo, con un giro inesperado pero encantador sobre los dos niños.

Kapitel 11: Der Erbe und die Falle

Einen Monat später hat die Polizei Erfolg: Sie findet Carlos López, den einzigen lebenden Nachkommen der Familie. Er ist ein netter junger Mann, der gerade sein Studium der Architektur abgeschlossen hat. Er ist nur ein Jahr älter als Belinda. Er lebt in Barcelona und er wusste nicht, dass das Haus noch ihm gehört.

"Ich dachte, es sei längst verkauft worden", erklärt Carlos, als er sich mit Belinda zu einem Interview trifft. "Meine Familie hat nie darüber gesprochen. Ich wusste nicht einmal, dass es noch existiert."

Während Carlos spricht, spürt Belinda seinen Blick auf sich ruhen. Sie ist erfreut, wie warm sein Lächeln ist. Sie spürt, dass er sich für sie interessiert. Ein leichtes Kribbeln breitet sich in ihr aus, sie ist glücklich. Doch sie versucht, sich auf ihre Fragen zu konzentrieren.

Carlos erzählt Belinda von dem alten Nachbarschaftsstreit, der dazu führte, dass seine Familie das Haus verlassen hat. "Es war ein großer Konflikt, und am Ende wollten meine Eltern einfach Abstand davon. Jetzt bin ich froh, dass ich die Wahrheit kenne."

Währenddessen plant die Polizei, die Eindringlinge zu fangen. Sie verbreitet Gerüchte, dass wertvolle Gegenstände im Keller des Hauses versteckt seien, in der Hoffnung, die Täter erneut anzulocken.

Die Falle funktioniert: Eines Nachts bemerkt die Polizei Bewegungen im Haus. Zwei Gestalten schleichen durch das Gebäude und versuchen, die Tür zum Keller zu öffnen. Die Beamten greifen ein und nehmen die beiden fest.

Als sie jedoch die Identität der "Täter" feststellen, sind alle überrascht: Es handelt sich nicht um gefährliche Einbrecher, sondern um zwei Jungen aus der Nachbarschaft, die eine Mutprobe durchführen wollten.

"Es tut uns leid! Wir wollten nur sehen, ob wir Geister finden", erklärt einer der Jungen kleinlaut.

Am nächsten Tag berichtet der Inspektor Belinda von den Ereignissen. "Zum Glück war es kein wirklicher Einbruch. Es waren nur Kinder, die ein Abenteuer suchten. Aber wir werden mit ihren Eltern sprechen und dafür sorgen, dass sie so etwas nicht wiederholen."

Belinda ist erleichtert und erzählt Carlos von der Auflösung der Geschichte. Carlos lacht, als er davon hört. "Das ist typisch für Kinder. Sie lieben es, sich Geschichten auszudenken und in alten Häusern zu spielen."

Carlos lässt das Haus absichern, solange es noch nicht renoviert ist. "Ich werde daraus einen Ort für die Gemeinschaft machen, vielleicht ein Kulturzentrum oder ein kleines Museum", sagt er.

Belinda ist froh, dass die Ereignisse ein glückliches Ende gefunden haben. Sie freut sich darauf, die Geschichte für ihren Artikel zu schreiben - mit einer unerwarteten, aber charmanten Wendung von den zwei Buben.

Vokabelliste

el heredero	der Erbe
legítimo/a	rechtmäßig
la investigación	die Untersuchung
pertenecer	gehören
el conflicto	der Konflikt
la disputa vecinal	der Nachbarschaftsstreit
alejarse (de algo)	sich (von etwas) entfernen
la trampa	die Falle
difundir rumores	Gerüchte verbreiten
atraer	anlocken
los intrusos	die Eindringlinge
intentar entrar	versuchen einzudringen
el alivio	die Erleichterung
el centro cultural	das Kulturzentrum
el museo	das Museum
la comunidad	die Gemeinschaft
los objetos valiosos	die wertvollen Gegenstände

Capítulo 12: Un final feliz

Con la resolución de los eventos y la casa de vuelta en manos de su legítimo heredero, finalmente hay claridad. Carlos López visita la casa por primera vez desde su infancia. Aunque está vieja y deteriorada, reconoce de inmediato los detalles que recuerda de las historias de sus padres.

"Se siente como si una parte del pasado volviera", dice a Belinda, que lo acompaña. "No sabía cuánto significaba esta casa para mí."

Mientras recorren las habitaciones juntos, Carlos comienza a compartir sus planes con Belinda. "Quiero restaurar las viejas baldosas del patio. Son únicas y una parte importante de la historia de esta casa", explica.

Belinda sonríe y toma notas. "Suena maravilloso. Estoy deseando verla terminada."

Carlos se detiene un momento y la mira. "Sin ti, nada de esto habría sido posible. Tú trajiste esta casa y su historia de vuelta a la vida."

Belinda siente cómo su corazón se acelera. Mientras hablan, Belinda se da cuenta de lo cómoda que se siente a su lado. Nota pequeños gestos de Carlos: cómo la ayuda a sortear los escombros o cómo le sonríe mientras escucha sus sugerencias.

El vecindario se entusiasma con la noticia de la renovación. Algunos vecinos incluso se ofrecen a ayudar a Carlos con el proyecto.

Belinda termina su artículo y lo publica en *El Sol de Málaga*. La historia de la casa López se convierte en un gran éxito. Los lectores quedan fascinados con la mezcla de historia, misterio y comunidad.

Una semana más tarde, Belinda e Inéz están sentadas en un elegante restaurante en la zona peatonal de la famosa Calle Larios, en el centro de Málaga. Carlos las ha invitado para agradecerles.

'De verdad os habéis puesto en un gran peligro', dice Carlos mientras el camarero sirve el vino. 'Pero gracias a vuestro valor, todo ha salido bien. No puedo agradeceros lo suficiente.'

Belinda e Inéz sonríen. Los tres pasan una velada maravillosa, llena de conversaciones y risas. Al final de la noche, las dos mujeres saben que no solo son aliadas, sino que se han convertido en amigas.

Belinda finalmente siente que ha llegado por completo a Málaga.

A la mañana siguiente, suena el timbre de su puerta. Un ramo de flores la espera, acompañado de una tarjeta: 'Gracias por todo. ¿Te gustaría cenar conmigo esta noche a solas? – Carlos.'

Belinda sostiene las flores en sus manos y sonríe. Quizás esta historia se convierta en algo mucho más hermoso.

Más tarde, esa noche, Belinda está sentada en su pequeño apartamento y mira el mar por la ventana. Está feliz por su éxito y por haber sido parte de esta historia tan especial.

'Esto es solo el principio', piensa mientras toma notas para sus próximos artículos. Málaga está llena de historias, y Belinda está lista para contarlas.

Y luego está su propia historia ... con Carlos ... quién sabe. Belinda sonríe.

Kapitel 12: Ein glückliches Ende

Mit der Aufklärung der Ereignisse und dem Haus wieder in den Händen seines rechtmäßigen Erben gibt es endlich Klarheit. Carlos López besucht das Haus zum ersten Mal seit seiner Kindheit. Obwohl es alt und verfallen ist, erkennt er sofort die Details, die er aus den Geschichten seiner Eltern kennt.

"Es fühlt sich an wie ein Stück Vergangenheit, das zurückkommt", sagt er zu Belinda, die ihn begleitet. "Ich wusste nicht, dass mir dieses Haus so viel bedeutet."

Während sie gemeinsam durch die Räume gehen, beginnt Carlos, seine Pläne mit Belinda zu teilen. "Ich möchte die alten Fliesen im Innenhof restaurieren. Sie sind einzigartig und ein Teil der Geschichte dieses Hauses", erklärt er.

Belinda lächelt und macht sich Notizen. "Das klingt wunderschön. Ich kann es kaum erwarten, es fertig zu sehen."

Carlos bleibt einen Moment stehen und sieht Belinda an. "Ohne dich wäre das alles nicht möglich gewesen. Du hast dieses Haus und seine Geschichte zurück ins Licht gebracht."

Belinda spürt, wie ihr Herz schneller schlägt. Während sie sprechen, merkt Belinda, wie wohl sie sich in seiner Nähe fühlt. Sie bemerkt kleine Gesten von Carlos — wie er ihr hilft, über Trümmer zu steigen oder ihr lächelnd zuhört, wenn sie Vorschläge macht.

Die Nachbarschaft ist begeistert von der Nachricht über die Pläne zur Renovierung. Einige Bewohner bieten Carlos ihre Unterstützung an, um das Projekt zu fördern.

Belinda beendet ihren Artikel und veröffentlicht ihn in *El Sol de Málaga*. Die Geschichte über das Haus López wird ein großer Erfolg. Leser:innen zeigen sich fasziniert von der Mischung aus Geschichte, Geheimnis und Gemeinschaft.

Eine Woche später sitzen Belinda und Inéz in einem eleganten Restaurant in der Fußgängerzone der berühmten Calle Larios im Zentrum von Málaga. Carlos hat sie eingeladen, um sich bei ihnen zu bedanken.

"Ihr habt euch wirklich in große Gefahr begeben", sagt Carlos, als der Kellner den Wein einschenkt. "Aber dank eures Mutes ist alles gut ausgegangen. Ich kann euch nicht genug danken."

Belinda und Inéz lächeln. Die drei verbringen einen wunderbaren Abend, voller Gespräche und Gelächter. Am Ende des Abends wissen die beiden Frauen, dass sie nicht nur Verbündete, sondern Freundinnen geworden sind.

Belinda fühlt sich endlich vollkommen in Málaga angekommen.

Am nächsten Morgen klingelt es an ihrer Tür. Ein Blumenstrauß wartet auf sie, begleitet von einer Karte: "Danke für alles. Darf ich dich heute Abend allein zum Essen einladen? Carlos."

Belinda hält die Blumen in der Hand und lächelt. Vielleicht entwickelt sich aus dieser Geschichte noch etwas viel Schöneres.

Später am Abend sitzt sie in ihrer kleinen Wohnung und blickt aus dem Fenster aufs Meer. Sie ist glücklich über ihren Erfolg und darüber, dass sie Teil dieser besonderen Geschichte war.

"Das ist erst der Anfang", denkt sie und macht sich Notizen für ihre nächsten Artikel. Málaga ist voller Geschichten, und Belinda ist bereit, sie zu erzählen.

Und dann ist da ja noch ihre eigene Geschichte ... mit Carlos ... wer weiß. Belinda lächelt.

Vokabelliste

legítimo/a	rechtmäßig
deteriorado/a	verfallen
reconocer	erkennen
significar	bedeuten
restaurar	restaurieren
la comunidad	die Gemeinschaft
el proyecto	das Projekt
la disposición	die Verfügung
entusiasmarse	sich begeistern
ofrecerse (a algo)	sich (für etwas) anbieten
el éxito	der Erfolg
el misterio	das Geheimnis
la mezcla	die Mischung
los lectores	die Leser
especial	besonders
anotar	notieren
estar listo/a	bereit sein
las historias	die Geschichten
contar	erzählen

Como material extra, en el apéndice encontrará información sobre **Málaga** y la famosa **Calle Larios**.

Als Zusatzmaterial findest du im Anhang Informationen über **Málaga** und die berühmte **Calle Larios**.

El Palo: Un barrio con encanto en Málaga

El Palo es un barrio costero en la ciudad de Málaga, al sur de España. Es famoso por su ambiente auténtico, su historia como pueblo de pescadores y sus deliciosas sardinas asadas, conocidas como espetos. Este barrio es ideal para quienes quieren conocer la cultura local de Málaga lejos del turismo masivo.

Historia

El Palo fue, en el pasado, un pequeño pueblo de pescadores. Sus calles estrechas, casas bajas y barcas en la playa muestran su historia marinera. Hoy en día, El Palo es parte de Málaga, pero conserva su esencia tradicional.

Playas

Las playas de El Palo son tranquilas y perfectas para familias. El agua es clara y las olas, suaves. En el paseo marítimo, hay muchos chiringuitos donde puedes probar platos típicos como espetos o pescaíto frito.

Gastronomía

El Palo es conocido por su comida. Los espetos de sardinas, asados al fuego en barcos pequeños de madera, son el plato más típico. También puedes disfrutar de mariscos frescos y otros pescados del día.

Cultura local

El Palo es un barrio muy auténtico. Sus habitantes son amables y tienen un fuerte sentido de comunidad. Por las mañanas, los pescadores salen al mar, y por las tardes, las familias y amigos se reúnen en la playa o los bares del barrio.

Entonces …

… si visitas Málaga, no puedes perderte El Palo. Es un lugar perfecto para disfrutar del mar, la comida tradicional y la auténtica vida andaluza.

¡Un barrio lleno de encanto y tradición!

El Palo: Ein Viertel mit Charme in Málaga

El Palo ist ein Küstenviertel in der Stadt Málaga, im Süden Spaniens. Es ist bekannt für seine authentische Atmosphäre, seine Geschichte als Fischerdorf und seine köstlichen gegrillten Sardinen, die als espetos bekannt sind. Dieses Viertel ist ideal für alle, die die lokale Kultur von Málaga abseits des Massentourismus erleben möchten.

Geschichte

El Palo war früher ein kleines Fischerdorf. Die engen Straßen, niedrigen Häuser und Boote am Strand erzählen von seiner maritimen Vergangenheit. Heute gehört El Palo zu Málaga, hat aber seinen traditionellen Charme bewahrt.

Strände

Die Strände von El Palo sind ruhig und perfekt für Familien. Das Wasser ist klar, und die Wellen sind sanft. An der Strandpromenade gibt es viele Chiringuitos (Strandbars), wo man typische Gerichte wie gegrillte Sardinen oder frittierten Fisch probieren kann.

Gastronomie

El Palo ist berühmt für seine Küche. Die espetos de sardinas (gegrillte Sardinen), die auf kleinen Holzbooten über dem Feuer gegrillt werden, sind das typischste Gericht. Außerdem gibt es frische Meeresfrüchte und andere Fische des Tages.

Lokale Kultur

El Palo ist ein sehr authentisches Viertel. Seine Bewohner sind freundlich und haben ein starkes Gemeinschaftsgefühl. Morgens gehen die Fischer aufs Meer, und nachmittags treffen sich Familien und Freunde am Strand oder in den Bars des Viertels.

Also ...

... wenn du Málaga besuchst, darfst du El Palo nicht verpassen. Es ist ein perfekter Ort, um das Meer, die traditionelle Küche und das echte andalusische Leben zu genießen.

Ein Viertel voller Charme und Tradition!

Vokabelliste

el barrio	das Viertel
la ciudad	die Stadt
el pescador	der Fischer
las calles estrechas	die engen Straßen
las casas bajas	die niedrigen Häuser
el paseo marítimo	die Strandpromenade
el chiringuito	die Strandbar
los espetos de sardinas	die gegrillten Sardinen
el pescado frito	der frittierte Fisch
los mariscos frescos	die frischen Meeresfrüchte
el fuego	das Feuer
la tradición	die Tradition
la comunidad	die Gemeinschaft
la cultura local	die lokale Kultur
el encanto	der Charme

Calle Larios: La famosa calle de Málaga

Introducción

La Calle Marqués de Larios, conocida simplemente como Calle Larios, es la calle más famosa de Málaga. Situada en el corazón del centro histórico, conecta la Plaza de la Constitución con el Paseo del Parque y el puerto. Esta elegante calle peatonal es un símbolo de la ciudad y un lugar favorito para malagueños y turistas.

Historia

La Calle Larios fue inaugurada en 1891 y lleva el nombre de Manuel Domingo Larios, el Marqués de Larios, un empresario clave en la modernización de Málaga. La calle fue diseñada por arquitectos e ingenieros para ser amplia, recta y estar rodeada de edificios elegantes que reflejan la prosperidad de la época.

Arquitectura

La Calle Larios es famosa por su arquitectura armoniosa. La mayoría de los edificios datan de finales del siglo XIX y presentan un estilo uniforme, con fachadas altas y balcones decorados. Este diseño la convierte en una de las calles más hermosas de España.

Compras y paseos

Hoy en día, la Calle Larios es una zona peatonal llena de tiendas exclusivas, boutiques y cafés. Es ideal tanto para ir de compras como para pasear tranquilamente y disfrutar de su ambiente único. Durante festividades, la calle se adorna y se convierte en un escenario para eventos.

Eventos famosos

La Calle Larios es conocida por su papel durante las celebraciones de la Semana Santa y la Feria de Málaga. En estas festividades, la calle se engalana con luces y decoraciones. En verano, se cubre con un toldo para ofrecer sombra y comodidad a los paseantes.

Entonces …

… si visitas Málaga, no puedes perderte la Calle Larios. Es más que una calle; es el corazón de Málaga. Su diseño elegante, su historia y su vibrante atmósfera la convierten en un lugar imprescindible para cualquiera que visite la ciudad. Ya sea para ir de compras, pasear o simplemente admirar la belleza de Málaga, la Calle Larios tiene algo para todos.

Calle Larios: Die berühmte Straße von Málaga

Einleitung

Die Calle Marqués de Larios, bekannt als Calle Larios, ist die berühmteste Straße von Málaga. Sie liegt im Herzen der Altstadt und verbindet die Plaza de la Constitución mit der Hafenpromenade. Diese elegante Fußgängerzone ist ein Symbol der Stadt und ein beliebter Treffpunkt für Einheimische und Touristen.

Geschichte

Die Calle Larios wurde 1891 eröffnet und ist nach Manuel Domingo Larios, dem Marqués de Larios, benannt. Er war ein wichtiger Geschäftsmann, der zur Modernisierung der Stadt beitrug. Die Straße wurde von Architekten und Ingenieuren so geplant, dass sie großzügig, gerade und von eleganten Gebäuden gesäumt ist.

Architektur

Die Calle Larios ist berühmt für ihre harmonische Architektur. Die meisten Gebäude stammen aus dem späten 19. Jahrhundert und zeigen einen einheitlichen Stil mit hohen Fassaden und verzierten Balkonen. Ihre Gestaltung macht sie zu einer der schönsten Straßen in Spanien.

Einkaufen und Flanieren

Heute ist die Calle Larios eine Fußgängerzone voller exklusiver Geschäfte, Boutiquen und Cafés. Hier kann man nicht nur shoppen, sondern auch gemütlich flanieren und die Atmosphäre genießen. Besonders während Festen und Feierlichkeiten wird die Straße geschmückt und dient als Bühne für Veranstaltungen.

Berühmte Ereignisse

Die Calle Larios ist bekannt für ihre Rolle bei den Feierlichkeiten der Semana Santa (Karwoche) und des Feria de Málaga. Während dieser Feste wird die Straße mit Lichtern und Dekorationen geschmückt. Besonders im Sommer wird sie mit einer Stoffdecke überdacht, um Schatten zu spenden.

Also ...

... wenn du Málaga besuchst, darfst du die Calle Larios nicht verpassen. Sie ist mehr als nur eine Straße – sie ist das Herz von Málaga. Ihr elegantes Design, ihre Geschichte und ihre lebendige Atmosphäre machen sie zu einem Muss für jeden Besucher der Stadt. Ob zum Einkaufen, Flanieren oder einfach, um die Schönheit von Málaga zu erleben, die Calle Larios bietet etwas für jeden Geschmack.

Vokabelliste

la calle	die Straße
el Marqués	der Markgraf
el centro histórico	die Altstadt
el paseo	der Spaziergang
la zona peatonal	die Fußgängerzone
los edificios	die Gebäude
la fachada	die Fassade
el balcón	der Balkon
las tiendas exclusivas	die exklusiven Geschäfte
la Semana Santa	die Karwoche
la Feria de Málaga	das Volksfest von Málaga
la decoración	die Dekoration
la sombra	der Schatten
el ambiente	die Atmosphäre

¡Gracias por leer este libro!

Me alegra mucho que estés aprendiendo español y espero que hayas disfrutado de la historia.

¡Prepárate para el próximo capítulo lleno de emoción y aprendizaje!

Vielen Dank, dass du dieses Buch gelesen hast!

Es freut mich sehr, dass du Spanisch lernst, und ich hoffe, du hattest Spaß an der Geschichte.

Freu dich auf die nächste spannende Folge voller Abenteuer und Lernfreude!